DISTURBO OSSESSIVO GUARIGIONE E LIBERTÀ

Una guida innovativa ricca di esercizi, strategie e pratiche alternative ed efficaci per la guarigione dal disturbo ossessivo e compulsivo

INDICE

INTRODUZIONE

Questo libro non è un libro ma un viaggio. Un viaggio nella comprensione del problema in analisi, un metodo per provare a riacquistare la salute sperimentando conoscenze innovative.

Vorrei che leggessi le prossime pagine con l'intento di aumentare la tua volontà, quindi la tua capacità di innescare il percorso di guarigione, perché l'OCD è un disturbo che si può superare: servono solo pazienza e una grande determinazione nel perseguimento del risultato.

Tutte le tecniche, le teorie e le soluzioni qui di seguito proposte derivano da lunghi studi, che spaziano dalle discipline orientali a quelle occidentali, approfondendo i principi dell'equilibrio e della guarigione in maniera elaborata, attenta e precisa, grazie anche ad approfondimenti ampi e completi sulla mente umana.

Ci tengo a sottolineare l'importanza degli esercizi presentati, che contengono le indicazioni necessarie per svolgere in maniera soddisfacente ciascuna pratica, offrendoti la possibilità di capire come integrarli nella tua routine.

L'obiettivo di questo libro è far riemergere il tuo essere in totalmente armonia, focalizzato nel trarre vantaggi, benefici e informazioni utili al miglioramento della tua condizione di partenza, con la conseguente possibilità di tornare a una vita serena.

Sei tu che guidi te stesso, io posso solo aiutarti a essere più consapevole delle tue qualità e a stimolare il tuo potenziale di guarigione, fornendoti strumenti efficaci e strategie che non hai ancora sperimentato. Buon viaggio.

Capitolo I
Primi obiettivi

P rima di approfondire il disturbo ossessivo o altre teorie, ti propongo un esercizio tra i più preziosi che tu possa applicare in tutti i campi della tua vita. Perché lo faccio all'inizio? Perché potrebbe incidere positivamente nel tuo approccio a questo percorso, rendendolo più focalizzato e produttivo.

L'esercizio è utile per ottenere i migliori benefici, stimolare le intuizioni e fornirci maggiore chiarezza su come usare questo libro.

Siediti o sdraiati in una posizione comoda e rilassata, dopodiché proietta la mente verso il futuro *immaginando* una situazione in cui questa lettura abbia prodotto in te risultati positivi.

Ipotizza che hai fatto una scelta o che ti trovi in una situazione desiderata, pensa a qualsiasi cosa sia una chiara evidenza dell'intento raggiunto.

Ti faccio un esempio: l'obiettivo è la guarigione dal disturbo ossessivo e compulsivo. Pensa di essere in compagnia della persona che preferisci, stai parlando con lei in maniera fluida, sciolta e ti senti felice, libero di esprimerti.

Ti accorgi chiaramente di non avere il disturbo per l'assenza dei sintomi che ti opprimono.

Questo esercizio è molto efficace, sii creativo.

L'immaginazione non ha limiti e in questo caso è fondamentale per proiettarti verso situazioni e circostanze di guarigione, di maggiore libertà di espressione, di salute e di abbondanza. Focalizzare e mettere in coerenza l'inconscio verso la direzione della guarigione, della risoluzione e della chiarezza, sono fattori dirimenti.

Proseguiamo il nostro percorso e torniamo allo scopo iniziale, ovvero ottenere i migliori benefici, innescare le intuizioni e acquisire una maggiore consapevolezza nella lettura del libro, stimolando così la tua guarigione.

Ho inserito tre obiettivi che dovrai completare utilizzando la tua inventiva e volontà, in modo che tu possa oltretutto capire bene il meccanismo di questa pratica per sfruttarla in altri contesti.

A seguire, fai una descrizione accurata e dettagliata, è importante affinché la tua mente memorizzi nel dettaglio il nuovo stato. Lasciati andare e scrivi tutto ciò che senti senza limiti e restrizioni.

Obiettivo 1

La lettura di questo libro mi aiuta e mi spinge con facilità e determinazione verso la guarigione. Dove mi trovo? Con chi sono? Che sensazioni provo? Cosa mi farà capire che questo obiettivo è stato raggiunto?

_____

_____

_____

_____

_____

_____

_____

_____

_____

_____

_____

_____

_____

_____

_____

_____

_____

_____

_____

_____

_____

_____

_____

_____

_____

Obiettivo 2

Faccio gli esercizi del libro in maniera semplice, gratificante, ottimale e piacevole. Dove mi trovo? Con chi sono? Che sensazioni provo? Cosa mi farà capire che questo obiettivo è stato raggiunto?

_____

_____

_____

_____

_____

_____

_____

_____

_____

_____

_____

Disturbo Ossessivo Guarigione e libertà

_____

_____

_____

_____

_____

_____

_____

_____

_____

_____

_____

_____

_____

Obiettivo 3

Sono completamente guarito dal disturbo, sono finalmente felice, libero, sano e festeggio con gioia e gratitudine. Dove mi trovo? Con chi sono? Che sensazioni provo? Cosa mi farà capire che questo obiettivo è stato raggiunto?

_____

_____

_____

_____

_____

_____

_____

_____

_____

_____

_____

_____

_____

_____

_____

_____

_____

_____

_____

_____

_____

_____

_____

_____

_____

Questo esercizio ha la facoltà di allineare la nostra mente, il nostro cuore e la nostra volontà perturbati dall'OCD, dalle scelte contraddittorie, dai dubbi, dalla sfiducia e dai fallimenti (quando e se presenti).

Se vuoi applicare questa tecnica in altri ambiti, prendi un foglio e definisci il nuovo obiettivo descrivendolo minuziosamente come hai fatto in precedenza, con la consapevolezza che in presenza di un limite devi provare ad avvicinartici. Vedrai che grazie alla tua mente, al tuo cuore, alla tua determinazione e al tuo istinto sarai in grado di superarlo.

Capitolo II
Cosa è il disturbo ossessivo e compulsivo

Quanti libri hai letto a riguardo? Sono sicuro non sia questo il primo e forse hai già una chiara idea di cosa sia il disturbo in oggetto e di come incida nella tua vita. Tuttavia, vorrei proporti una visione più ampia e approfondita, affinché tu possa comprendere meglio le origini delle cause, come affrontarle e risolverle.

Ognuno di noi ha una specifica struttura caratteriale, data dall'insieme delle tipicità psichiche e comportamentali (inclinazioni, interessi, passioni) che definiscono il nucleo delle differenze individuali, nella molteplicità dei contesti in cui la condotta umana si sviluppa. È quella che comunemente chiamiamo personalità, e ci distingue a seconda delle debolezze, dei comportamenti compensativi che gestiscono e tendono a regolare in maniera più o meno positiva la nostra armonia e il nostro benessere globale.

Tutti i comportamenti compensatori attivano precise dinamiche che limitano la nostra spontaneità, autenticità e salute. La rabbia, per esempio, può insorgere per diverse motivazioni, tra cui la necessità di affermare il valore del proprio punto di vista, magari represso, andando perciò a incrinare un equilibrio interno che si manifesta con disagio e generando una tensione crescente che deve essere scaricata e risolta per tornare a uno stato di benessere.

Tutti i disturbi ossessivi e/o compulsivi partono da una *disregolazione* – principalmente del sistema nervoso che è un parallelo di quello energetico nelle medicine orientali – condizionando vissuti emotivi, del pensiero e comportamenti ben noti a chi sperimenta questo disturbo.

Provate a immaginare un sistema di tubi perfettamente collegato con l'acqua che fluisce liberamente e in armonia. Il disturbo ossessivo e/o compulsivo non è nient'altro che un'alterazione più o meno temporanea dei collegamenti di questi tubi (psichici, nel nostro caso), che bisogna saper regolare, calibrare e armonizzare con precisione, competenza e volontà.

Vorrei aprire una parentesi per fare una distinzione tra disturbo ossessivo e compulsione, elementi spesso strettamente correlati ma differenti.

La conflittualità psicologica che si manifesta con le ossessioni, a causa dell'accumulo di energia psicologica, tende a scaricarsi attraverso le compulsioni, che si presentano quindi come una conseguenza. Al di là di possibili eventi traumatici, le ossessioni e, di conseguenza, anche le compulsioni, sono frutto della disarmonia interiore, di specifici blocchi o inibizioni. Guarire, sciogliere e lasciare andare questi contenuti significa liberarsi dalle compulsioni e dalle ossessioni, aumentare notevolmente la propria forza vitale, sentirsi liberi e pieni di energia. Se le compulsioni, invece, sono legate ad aspetti infantili o adolescenziali occorre agire in maniera più precisa con uno specialista che ci aiuti ad approfondire. Tramite questo libro ti fornirò comunque degli strumenti utili per lavorarci con un certo livello di profondità, leggerezza ed efficacia.

Vorrei sottolineare ancora che il disturbo ossessivo e compulsivo è curabile, ma il percorso è soggettivo: alcune persone guariscono rapidamente, altre faticano a sanare le strutture psichiche che alterano l'armonia dei "tubi psichici", ma ciò non deve spaventarti, anzi dovrebbe motivarti nel lavorare e nella ricerca della soluzione migliore per te.

Il termine "ossessivo" nella definizione del disturbo indica quanto sia significativo tale ostacolo nella vita di una persona, nella sua pace psicologica e in molteplici sfere della sua esistenza. L'individuo che affronta tale problema si vede notevolmente limitato nella libertà di scelta, nel pensiero e nell'azione, vivendo in costante contatto con uno o più pensieri, dubbi insostenibili, decisioni che appaiono difficili da prendere e che sono concausate dall'incessante senso di colpa, alla base di stati d'ansia più o meno intensi.

Nella maggioranza dei casi la problematica si sviluppa psicologicamente con questa dinamica e, per poterla sciogliere, occorrono un'analisi precisa delle cause e la conoscenza di esercizi e tecniche propedeutici al superamento blocco e a un rapido recupero dell'energia vitale.

Nel caso di un lungo perdurare del disturbo potrebbero verificarsi stati più o meno intensi di tristezza (talvolta fino alla depressione), rabbia e frustrazione che a mio avviso sono decisamente risolvibili.

Il nostro obiettivo è individuare in maniera chiara gli ambiti della tua vita che il problema sta limitando e trovare soluzioni efficaci nel darti maggiore sicurezza e nell'aprirti al nuovo. Se stai leggendo questo libro, d'altra parte, significa che hai preso atto del problema e vorresti risolverlo, manifestando quindi una sostanziale determinazione, punto di partenza imprescindibile per affrontare seriamente il disturbo.

L'ossessione quindi non è altro che una compensazione dell'energia psichica, causata dell'alterazione interiore dei "tubi" alla quale consegue la manifestazione di compulsioni come la mania del controllo, quella di lavarsi frequentemente le mani, i dubbi in merito alle scelte da fare: insomma qualsiasi altro tipo di comportamento compulsivo.

È praticamente sia la conseguenza che l'effetto di una mancata armonia del sistema mentale riguardo a specifici vissuti disturbanti.

L'obiettivo principale è andare alla causa del problema, ma per superarlo è necessario stare attenti, in quanto l'energia psichica va riarmonizzata per eludere la necessità di attivare la compulsione dovuta al sovraccarico di flussi mal canalizzati.

Proprio per questo motivo vorrei introdurti ad alcuni modelli avanzati, mirati alla comprensione del funzionamento del sistema psicologico e dei meccanismi del disturbo: il primo, definito *comunicazione orizzontale*, studia il livello di equilibrio e armonia tra le nostre energie psicologiche forti e morbide, mentre il secondo chiamato *comunicazione verticale* esplora il livello di equilibrio tra i tre punti psicologici e somatici principali, che ne definiscono l'armonia e la chiarezza mentale.

L'essere umano è composto da due emisferi cerebrali, ciascuno in connessione con la corrispondente controlaterale del corpo: l'emisfero destro tende a gestire maggiormente le funzioni del lato sinistro e viceversa. Siamo costituiti da due parti, collegate a seconda del nostro benessere, più o meno armoniche e collaborative.

Recenti studi neuroscientifici hanno analizzato il potere di questi due emisferi sia singolarmente che in maniera unitaria, ovvero quando comunicano talmente bene da apparire unitari (ed effettivamente lo sono).

Questa cooperazione si chiama coerenza cerebrale e dimostra il livello di armonia e comunicazione dei due emisferi: maschile/femminile, bianco/nero, *Yin/Yang*, sole/luna...

Il disturbo ossessivo, al di là delle varie problematiche causate dai vissuti dolorosi su cui è necessario lavorare, non è altro che conflittualità, scarsa armonia tra le parti, una mancata convergenza delle due energie nella quale una componente prevale sull'altra. Se sei un uomo, sarà tendenzialmente sottomessa la tua corrispondente identità psicologica maschile, se sei una donna probabilmente quella femminile.

La letteratura sul tema è vasta e composita. Spazia dalla neuroscienza, alla psicologia, alla spiritualità, alla terapia, all'olismo, all'evoluzione umana per giungere alla recente visione neurofisiologica spesso coincidente con le antiche dottrine orientali basate sull'osservazione dei fatti e dell'anatomia della psiche.

Questi concetti sono stati uniti in diversi studi, apportando una maggiore chiarezza riguardo alle reali cause e al funzionamento del disturbo in esame.

Voglio ora mostrarti le due immagini seguenti: guardale attentamente e confrontale.

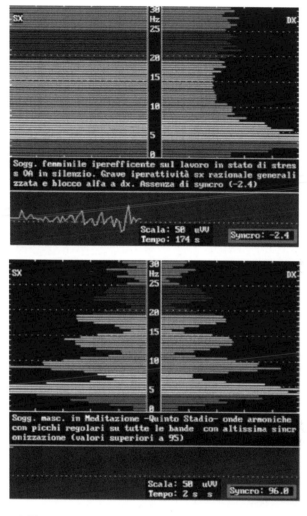

Fonte: Ricerca dell'istituto psicosomatica Pnei - Villaggio Globale - Bagni di Lucca

La prima colonna dell'immagine numero 1 rappresenta il funzionamento dell'emisfero cerebrale sinistro, quello logico/razionale, di un individuo stressato, in conflitto con sé stesso. Vi si registra un'iperattività, una spinta eccessiva al fare fonte di stress psicologico e fisico.

L'emisfero destro invece è fermo, ovvero in assenza di creatività. Questo tipo di situazione è tipica in presenza di vissuti dolorosi, traumatici e del disturbo ossessivo con o senza compulsioni.

Nell'immagine numero 2, invece, dove gli emisferi sono sincronizzati, sono presenti chiarezza mentale, creatività e armonia nelle varie sfere esistenziali.

È questa la summenzionata comunicazione orizzontale tra la parti del nostro cervello, che è anche comunicazione relazionale e sociale, ovvero quella che proiettiamo all'esterno.

La comunicazione verticale invece indaga il rapporto tra cuore e mente, dove il primo tende a una direzione e la seconda a un'altra, creando una sorta di conflitto continuo direttamente proporzionale al benessere e/o malessere presenti in ciascuno di noi.

Più questi due elementi sono allineati, più ci sono armonia, focalizzazione del pensiero e assenza di confusione, che portano a una comunicazione più coerente; viceversa, in presenza di un pensiero o di un dubbio ossessivo il conflitto tra mente e cuore determina il livello di ossessione stesso.

La compulsione deriva dall'assenza di azione, dal senso di immobilità che, come forse hai sperimentato, si manifesta con disturbi d'ansia più o meno intensi, insicurezza, paure o senso di scoraggiamento generale che a mio avviso sono assolutamente risolvibili.

Per fare in modo che ciò avvenga, è necessario volerlo fortemente, agire sempre alla ricerca di ciò che può darti quella parte di conoscenza, di aiuto o di soluzione che ti serve per guarire definitivamente.

Un altro elemento della visione verticale è la cosiddetta zona della "pancia", chiamata anche "secondo cervello", che gestisce le funzioni metaboliche e l'equilibrio del sistema nervoso autonomo. Questa parte ricopre oltretutto un ruolo molto importante nel dosare l'energia vitale che ciascuno di noi possiede.

A livello psicologico è associata all'istinto, alle sensazioni, al prendere decisione e alla volontà di azione. È strettamente correlata alle emozioni che, quando fluiscono liberamente, la rendono più energizzata e fluida.

In presenza del disturbo ossessivo e compulsivo questa zona è limitata, nel suo libero fluire, da paure, inibizioni di determinati comportamenti e di scelte.

Allineare quindi la mente con il cuore è fondamentale, ma è necessario che ciò avvenga in associazione con le funzioni psicologiche della pancia, che ti permettono di percepirti ben saldo nel corpo, spontaneo e libero.

In questo elemento si accumulano i pensieri che vorresti esprimere, le azioni per te più urgenti, le scelte che prenderesti senza esitare; è la zona dove si collocano l'istinto e l'intuito, due delle funzioni che giocano una parte fondamentale nel processo di guarigione.

"Tu sei libero di essere ciò che sei"

Capitolo III

Sfere esistenziali e livello di soddisfazione

In questo capitolo vorrei che tu diventassi consapevole di quali siano le aree della tua vita in cui il disturbo sta interferendo, e aiutarti a individuare il modo migliore di agire ai fini della guarigione, nonché la strategia più adeguata al recupero del tuo equilibrio, affinché certi limiti non degenerino in sofferenza e insoddisfazione, incidendo negativamente nei tuoi tempi di recupero.

Cominciamo con l'esplorare le sfere della tua esistenza, affinché sia chiaro con quale intensità e su quali elementi il tuo disturbo influisce maggiormente. Dopo averli individuati, proveremo a proiettarti verso una più solida armonizzazione e creazione di possibilità risolutive.

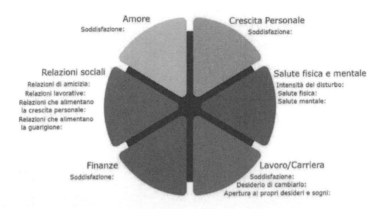

Partiamo con questo esercizio nel quale devi riempire i vari triangoli del grafico indicando, per ciascuna categoria, il tuo livello di soddisfazione attuale e inserendo anche il corrispondente valore in percentuale.

Dopo averlo completato, in ciascuna delle sezioni sotto elencate, riporta almeno 3 elementi di insoddisfazione e descrivi in che modo ti stanno limitando.

Crescita personale:

1._____

_____

_____

_____

_____

_____

_____

2._____

_____

_____

_____

_____

_____

3._____

_____

_____

_____

_____

Salute fisica e mentale:

1._____

_____

_____

_____

_____

_____

2._____

_____

_____

_____

_____

_____

3._____

_____

_____

_____

_____

_____

Lavoro e carriera:

1._____

_____

_____

_____

_____

_____

2._____

_____

_____

_____

_____

_____

3._____

_____

_____

_____

_____

Finanze:

1._____

_____

_____

_____

_____

_____

2._____

_____

_____

_____

_____

_____

3._____

_____

_____

_____

_____

Relazioni sociali:

1._____

_____

_____

_____

_____

_____

2._____

_____

_____

_____

_____

_____

3._____

_____

_____

_____

_____

Amore:

1._____

_____

_____

_____

_____

_____

2._____

_____

_____

_____

_____

_____

3._____

_____

_____

_____

_____

_____

Ora riempi il grafico successivo colorandolo e inserendo la percentuale relativa alla soddisfazione che indicherebbe il raggiungimento della tua piena guarigione.

Osa con la percentuale, sii ottimista e volitivo. Non ti accontentare, desidera, sogna, punta in alto e indica il dato corrispondente alle tue reali aspettative.

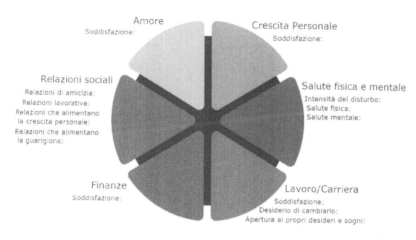

Amore
Soddisfazione:

Crescita Personale
Soddisfazione:

Relazioni sociali
Relazioni di amicizia:
Relazioni lavorative:
Relazioni che alimentano
la crescita personale:
Relazioni che alimentano
la guarigione:

Salute fisica e mentale
Intensità del disturbo:
Salute fisica:
Salute mentale:

Finanze
Soddisfazione:

Lavoro/Carriera
Soddisfazione:
Desiderio di cambiarlo:
Apertura ai propri desideri e sogni:

La guarigione dall'OCD non è un fenomeno solo psicologico ma globale, di tutto il tuo essere, in quanto deriva da vissuti dolorosi, traumi o incoerenze del sistema psicosomatico, causati anche da situazioni ambientali tossiche o limitanti.

Il mio obiettivo è fare in modo che tu sia consapevole di ciò che ti disturba e indicarti la strada più rapida verso la guarigione.

A questo punto del libro le cose dovrebbero iniziare a essere un po' più chiare, proseguiamo quindi il nostro percorso con un nuovo esercizio.

In ciascuno dei punti sottoelencati riporta ciò che vorresti accadesse, descrivendo l'azione che andrai a compiere, la direzione e l'obiettivo che vuoi raggiungere in relazione alle percentuali di soddisfazione che ti sei prefissato.

Crescita personale:

1._____

_____

_____

_____

_____

2._____

_____

_____

_____

_____

3._____

_____

_____

_____

_____

_____

Salute fisica e mentale:

1._____

_____

_____

_____

_____

_____

2._____

_____

_____

_____

_____

_____

3._____

_____

_____

_____

_____

_____

Lavoro e carriera:

1._____

_____

_____

_____

_____

_____

2._____

_____

_____

_____

_____

_____

3._____

_____

_____

_____

_____

_____

Finanze:

1._____

_____

_____

_____

_____

_____

2._____

_____

_____

_____

_____

3._____

_____

_____

_____

_____

Disturbo Ossessivo Guarigione e libertà

Relazioni sociali:

1._____

_____

_____

_____

_____

_____

2._____

_____

_____

_____

_____

3._____

_____

_____

_____

_____

_____

Amore:

1._____

_____

_____

_____

_____

_____

2._____

_____

_____

_____

_____

_____

3._____

_____

_____

_____

_____

_____

Ora torniamo sui grafici e confrontiamoli.

Vorrei farti notare come, per raggiungere il tuo stato ideale definito dal secondo grafico e gli obiettivi fissati in questo ultimo esercizio, sia necessario focalizzarti su due elementi: guarigione del disturbo e pianificazione delle azioni.

Tutto ciò che hai appuntato è senz'altro conforme ai tuoi effettivi desideri, e io sono convinto che sia tutto realizzabile, ma è necessaria la consapevolezza che per ottenere certi risultati servono organizzazione, costanza e capacità di affrontare e risolvere i problemi. Talvolta sono indispensabili anche l'abilità, il supporto e la fiducia di qualcuno che sia in grado di mostrarti le corrette soluzioni per raggiungere questi obiettivi.

Per guarire dal disturbo è necessario allineare quegli elementi della propria vita considerati tossici o inutili, lasciare andare il passato, i propri vissuti dolorosi, riappropriarsi dell'energia decisionale e allontanare tutti coloro a cui abbiamo delegato questo potere.

Con l'esercizio appena proposto lavori sugli elementi ambientali e sul livello di soddisfazione che provi in relazione alla tua situazione attuale.

Considera che il disturbo ossessivo e compulsivo è in relazione con l'ambiente in cui si vive e influisce sulla capacità di valutare quali siano i punti carenti della nostra vita.

Armonizzando le situazioni ambientali il problema può diminuire notevolmente, alleviarsi e a volte addirittura sparire. È importante quindi porci nelle condizioni di iniziare a comprendere cosa ci induce emozioni negative e frustrazioni, risucchiando la nostra energia, bloccando e/o limitando la guarigione.

La vita è fatta di libere scelte, di realizzazioni e di situazioni che devono essere gestite da noi stessi e non da terze persone che cercano di dissuaderci dal percorrere certe strade, dal fare determinate scelte e dal perseguire i nostri sogni.

Chi agisce limitando la volontà altrui, solitamente ha una mente e un pensiero più ristretti di chi vuole conseguire qualcosa.

"Quando le persone non sanno fare qualcosa lo dicono a te che non la sai fare. Se vuoi qualcosa, vai e inseguila. Punto."

dal film La ricerca della felicità

Capitolo IV

Sintomi

In questo capitolo esploreremo i sintomi principali e quelli correlati del disturbo ossessivo e compulsivo, chiarendo i punti chiave.

È fondamentale lavorare sui questi sintomi in maniera precisa e soprattutto distinguere quelli secondari, per evitare confusione. Lavorare sui sintomi sbagliati, infatti, può avere come conseguenza un fallimento nella risoluzione del problema, con annesso magari uno stato di frustrazione e abbattimento dopo un percorso faticoso, intenso e verosimilmente anche dispendioso.

Ogni terapeuta ha il suo metodo, ma è molto importante che tu ne percepisca i reali benefici, che ti senta veramente aiutato nel procedere, con il supporto dello specialista, verso la guarigione.

Tieni sempre presente che i sintomi principali del disturbo ossessivo e compulsivo sono l'esito di vissuti traumatici che ti ancorano al senso di colpa, ti portano all'evitamento e all'inibizione dei processi decisionali, con conseguenze come la vergogna, il disgusto, la rabbia (derivata dalle frustrazioni e che può sfociare in attacchi di panico), l'ansia e, alle volte, complessi di inferiorità che inducono all'isolamento e quindi alla solitudine.

Ciò che dobbiamo fare è abbracciare tutti questi elementi, dare loro la giusta priorità e liberarci delle cause principali per rilasciare l'energia psicologica inducendo così la guarigione.

Capitolo V
Relazioni

Prima di analizzare le cause del disturbo vorrei parlare degli elementi esterni in grado di influenzarlo. Possono essere fattori attivanti o preziosi strumenti per accelerare la guarigione.

Le relazioni sono un elemento significativo e strettamente correlato al problema, in linea diretta con i vissuti dolorosi e con la visione psicologica che deve necessariamente essere potenziata e migliorata.

In presenza dell'OCD fattori come la paura di ferire l'altro, le etichette e i giudizi che ci attribuiamo temendo le opinioni esterne sul nostro conto, sono principalmente conseguenze del disturbo e vanno rielaborati e lasciati andare, sempre considerando la loro genesi nell'età evolutiva (essere stato rifiutato da un genitore, abbandonato o tradito).

Proprio la figura del genitore è spesso associata all'autorità, uno degli elementi che potrebbe manifestarsi in qualsiasi relazione e che reputo primario nel disturbo ossessivo.

Nel rapporto l'individuo autoritario può indurci a percepirlo come un giudice, ai cui atteggiamenti si rischia di soccombere qualora vengano assecondati, considerando noi come causa di quei comportamenti.

Riconoscere questo tipo di personalità è fondamentale per amministrare meglio la situazione, prendendo magari delle decisioni importanti quali l'allontanamento temporaneo o, se necessario, definitivo, così da garantirsi una situazione ambientale sufficientemente sana e supportiva per la nostra guarigione.

L'autorità di qualcuno può ridurre il tuo potere personale creando dei blocchi interni che peggioreranno il problema.

Le relazioni, siano di coppia, amicali, lavorative, e/o familiari possono indurci stati di benessere, farci quindi sentire accolti, amati, ben voluti, oppure rifiutati, giudicati e respinti, e qualora dovessi essere in presenza di queste ultime dinamiche devi affrontare la relazione cercando di risolvere il problema.

È importante capire la necessità di prendere provvedimenti, che siano allontanamenti, chiusure, pacificazioni e/o qualsiasi altra azione finalizzata a riportare pace ed equilibrio nella relazione stessa, per agevolare la nostra guarigione.

Elementi quali la sensazione di mancanza, di vuoto o il bisogno di completarti tramite la presenza di un partner, sono indicatori del disturbo collegati a una delle due parti di te, tendenzialmente quella più aggressiva. È proprio questa che ti blocca: le sue energie prevaricano l'altra attivando il giudizio, la colpa e l'impedimento ad agire, dandoti la sensazione di essere diviso, carente o bisognoso a causa del fatto vorresti perdonare, guarire e lasciare andare ma non ne hai la capacità.

Le relazioni d'amore possono essere molto benefiche, purché siano sane e abbiano la capacità di donarti qualcosa a livello del cuore, in modo da stimolare i corrispondenti ormoni del benessere (serotonina, dopamina ed endorfina) che possono alimentare la guarigione.

Sentirsi o essere bloccati in una relazione attiva lo stesso meccanismo di inibizione causato dalle ossessioni e dalle compulsioni. È un punto chiave su cui lavorare e su cui il terapeuta dovrebbe impegnarsi, per guidare il paziente verso una risoluzione del problema più rapida possibile.

Non permettere a nessuno di trattarti male, di danneggiarti e/o di farti sentire sottomesso poiché la sottomissione è una delle dinamiche più dannose nel disturbo ossessivo.

Qualora fosse presente è necessario osservarla, analizzarla, comprenderla e correggerla, in quanto aziona il senso di colpa, l'ansia e il panico verso un partner, un datore di lavoro, un familiare o un amico.

Tu sei all'altezza di tutti i tuoi interlocutori e se qualcuno prova a prevaricarti tienilo in considerazione poiché lo stato di subordinazione può indurti a rinunciare alla tua volontà, causandoti per l'appunto il disturbo. La dinamica appena descritta è molto frequente.

I rapporti con gli altri sono una sorta di bussola per capire meglio quello con noi stessi.

Il percorso di guarigione e di conoscenza di sé richiede osservazione, riflessione e capacità di individuare i punti chiave del problema. Insomma, devi essere anche un po' psicologo di te stesso per aumentare il tuo potere personale e liberarti dai limiti e dalla sofferenza.

La difficoltà nel fluire della tua vita con più leggerezza e benessere è proporzionale al tuo livello di integrità psicologica e di libertà dai pregressi vissuti dolorosi.

Lo stress, la paura e l'ansia vanno sciolti con tutti gli strumenti possibili e che ti sto illustrando. Vedrai che lavorando su questi elementi otterrai risultati positivi, il tuo percorso di guarigione procederà e creerai nuovi spiragli di apertura. Abbi fiducia!

Proviamo ora ad analizzare le dinamiche relazionali.

In quali circostanze relazionali il tuo disturbo aumenta? In presenza di chi?

_____

_____

_____

_____

_____

_____

In quali circostanze relazionali il tuo disturbo diminuisce? In presenza di chi?

_____

_____

_____

_____

_____

_____

Le persone con le quali il tuo disagio diminuisce sono quelle che ti accolgono e ti permettono di riconoscere te stesso. Insomma coloro che ti vogliono veramente e sinceramente bene.

Quelle con le quali il tuo disagio aumenta, perché rifiutano e/o giudicano qualche parte di te, alimentano il problema.

Il meccanismo del disturbo ossessivo e compulsivo si basa principalmente sull'accoglienza e l'accettazione di sé stessi e di quegli elementi che hanno subìto un tradimento, un'ingiustizia, un'umiliazione, un abbandono o un rifiuto che può essere avvenuto da bambino, da adolescente o da adulto. Questi vissuti dolorosi sono noti come "le 5 ferite emozionali" che ti invito a esplorare.

Le relazioni sono fondamentali per la nostra guarigione e, se ne abbiamo alcune tossiche, rischiamo di prolungare il nostro disturbo ostacolandone la completa risoluzione. Per questo è importante la scelta delle relazioni, affinché la nostra energia aumenti e la nostra guarigione possa avvenire in maniera più rapida, lineare e completa.

Per ciascuna relazione che hai indicato nel precedente esercizio compila a seguire le sottostanti frasi, allo scopo di migliorarle e renderle ottimali.

Esempio: io voglio fare in modo che James mi rispetti; io voglio fare in modo che la mia relazione con Sarah sia meravigliosa e felice.

Io voglio fare in modo che

_____

_____

_____

_____

_____

Io voglio fare in modo che

_____

_____

_____

_____

Io voglio fare in modo che

_____

_____

_____

_____

_____

Io voglio fare in modo che

_____

_____

_____

_____

_____

Io voglio fare in modo che

_____

_____

_____

_____

Io voglio fare in modo che

_____

_____

_____

_____

Io voglio fare in modo che

Io voglio fare in modo che

Io voglio fare in modo che

Io voglio fare in modo che

_____

_____

_____

_____

_____

Io voglio fare in modo che

_____

_____

_____

_____

_____

Io voglio fare in modo che

_____

_____

_____

_____

_____

Ora dovresti avere una maggiore chiarezza riguardo le tue dinamiche relazionali e puoi approfondirle singolarmente cercando di capire come affrontarle anche grazie alle affermazioni che hai annotato sopra.

Ricorda che le relazioni tossiche devono essere allontanate, ove possibile, e/o gestite trovando strategie e soluzioni mirate soprattutto se si è in presenza di un familiare e/o di un partner, proprio perché, come già sottolineato, è molto difficile guarire in presenza di situazioni che potrebbero essere le cause del disturbo.

Capitolo VI
Compulsioni

Le compulsioni definiscono i comportamenti compensativi che inducono ad agire fuori dalla propria sfera di volontà, per bilanciare interiormente una sensazione di disgusto, di colpa e di incompletezza. Si presentano quando consciamente o inconsciamente attiviamo una qualche forma di obbligo o costrizione che inibisce in modo inteso la libertà nel flusso psicologico.

Tendenzialmente hanno due origini: traumatiche o culturali.

Quelle traumatiche sono spesso comportamenti che partono da un senso di disagio dovuto a ferite affettive, paure, dubbi, timori, incapacità di scegliere e/o paura di agire. Alle volte non ci si accorge della presenza del blocco emotivo, psicologico o del vissuto negativo e apparentemente non troviamo una spiegazione, ma un bravo guaritore e osservatore riconosce facilmente il problema, perché alla base ci sono sofferenze più o meno marcate che incidono sui limiti descritti e sull'energia psicologica. Quest'ultima si scarica quindi attraverso il sistema nervoso, traducendosi in compulsioni o tic nervosi.

Occorre lavorare in modo efficace sui vissuti per superare le conseguenze di tali traumi e scioglierli definitivamente.

Le compulsioni culturali, invece, hanno solitamente origine nell'infanzia o nell'adolescenza, sono caratterizzate da vecchi schemi di pensiero spesso tipici del contesto in cui siamo cresciuti e dai quali è necessario emanciparsi.

Questo tipo di problematica è un po' più complessa perché richiede una rielaborazione logica e linguistica, per riconoscere esattamente quali elementi culturali influiscano sul comportamento. Non di rado sono aspetti ritualistici legati a vissuti religiosi.

Le compulsioni sono a maggioranza di origine traumatica perché un individuo sano, anche in presenza di contenuti culturali che lo bloccano, possiede comunque una struttura psicologica integra.

Considera che il disturbo ossessivo, in virtù del tipo di società in cui ci troviamo, è risolvibile grazie alla grande varietà di tecniche di guarigione proposte, comprese pratiche innovative capaci di sciogliere i vissuti e ampliare gli orizzonti per superare i propri limiti.

Cosa amplifica e cosa guarisce le compulsioni?

Le compulsioni sono amplificate dalle basse emozioni, ovvero tutto ciò che ci fa stare male, incluso il rapporto con il cibo che può essere finalizzato ad alleviare uno stato emotivo negativo, ma che può rivelarsi anche uno strumento utile per accrescere in maniera sana l'energia sia fisica che psichica.

Vorrei chiarire che non esiste una definizione standard di alimentazione sana, tendenzialmente è quella che ci fa sentire in armonia con il nostro corpo, che ci dona benessere e salute inducendo il processo di guarigione prefissato. Curala, cerca quella più funzionale alle tue esigenze, ai benefici che puoi trarne, affinché sia di supporto al recupero dell'equilibrio di tutto il tuo sistema.

Le compulsioni tendono a diminuire nel momento in cui iniziamo a vivere emozioni positive, relazioni sane e ci circondiamo di ciò che ci fa stare bene. Il senso di colpa, ovvero quella sensazione che ci dice che non possiamo goderci noi stessi, che non possiamo stare bene perché non ce lo meritiamo, ostacola questo processo, causandoci dolore e convincendoci del fatto che sia giusto provarlo. Sono comportamenti automatici che interferiscono con il libero fluire della quotidianità, quindi vorrei che descrivessi, nelle prossime righe, un evento per te significativo in cui si attiva la compulsione. Parlane come se la compulsione non esistesse più.

Questo esercizio è chiamato visualizzazione e, se svolto nel modo giusto, ha un grande impatto sul tuo inconscio.

Respira, ascolta magari una musica rilassante. Ricordati di riportare l'evento immaginandoti in totale assenza della compulsione.

_____

_____

_____

_____

_____

_____

_____

_____

_____

_____

_____

_____

_____

_____

_____

Questo tipo di visualizzazione è una delle più potenti, viene sfruttata dagli atleti professionisti per programmare i movimenti e le loro performance, dagli psicologi per ottimizzare le scelte quando lavorano sull'inconscio.

Ti invito a usarla con fiducia. Nel momento in cui la costanza e la volontà la supporteranno, vedrai tu per primo i risultati.

Torniamo ora alle compulsioni.

Ormai dovrebbe essere chiaro che sono un effetto delle ossessioni e dei relativi pensieri. Per lavorarci è fondamentale servirsi di strumenti appropriati, evitando il rischio di vanificare lo sforzo, magari generando ulteriore ansia, panico e/o compulsioni alternative.

Dopo un impegno tanto intenso potresti sentirti più esausto di prima, poiché l'energia psichica dell'ossessione si scarica nella compulsione stessa.

Quando suggerisco esercizi e tecniche per risolvere le compulsioni spesso faccio riferimento alle ossessioni proprio perché, armonizzando l'energia psicologica alterata dal disturbo, la compulsione diminuisce.

È importante evidenziare alcuni errori ricorrenti nel percorso di guarigione, come trascurare l'aspetto psicosomatico nello svolgimento di attività quali lo yoga, lo sport, lo studio, o la semplice lettura.

Come abbiamo già detto, ognuno di noi ha due tipi di energie: una più esplosiva (chiamata anche "forte"), creativa, vigorosa, e una più calma (chiamata "dolce"), rilassata e lenta.

Se il nostro disturbo ci causa ansia, paura o episodi di panico, sarà più indicato dedicarsi ad attività intense per allentare l'energia interna, piuttosto che praticare discipline rilassanti quali la meditazione, lo Yin Yoga e/o tecniche di consapevolezza: se non riusciamo a contenere l'energia fisica che muoviamo rischiamo di aumentare il problema, quindi dobbiamo prima di tutto esaurirla non calmarla.

Per la psiche, l'eccesso di energia va scaricato in qualche modo piuttosto che placato, poiché accumulandosi potrebbe sfociare in rabbia, ansia intensa o panico.

Se abbiamo invece scarsa energia vitale, pensieri ossessivi, bassi livelli di ansia e paura (come la tristezza per esempio), le tecniche lente sono un ottimo supporto per ricaricarsi e armonizzare tutto il corpo e la mente. In questo caso un approccio esplosivo è sconsigliato: potremmo sentirci troppo stanchi per muoverci.

Sono proficue tutte quelle attività in cui esprimiamo al meglio noi stessi, la nostra spontaneità, in quanto propedeutiche alla guarigione.

Purtroppo, e troppo spesso, ce le neghiamo perché ovviamente i sensi di colpa delle ossessioni sono efficaci sabotatori.

Solitamente a "tirare fuori te stesso" è ciò che ti diverte, che ti appassiona, che ti piace e che ha la capacità di farti tornare il sorriso, risultando terapeutico per tutto il tuo sistema.

È proprio pensando a questo che ti propongo delle tecniche basate sulle antiche discipline orientali come lo Yoga, il Tai Chi, la meditazione e altre discipline che lavorano sulla consapevolezza.

Esistono vari stili di Yoga e diversi tipi di meditazione, capire quale utilizzare è fondamentale in quanto una scelta errata potrebbe portare a non ottenere alcun beneficio o addirittura ad aumentare il disagio.

Per esempio lo Yin Yoga è sconsigliato a chi ha molta ansia, traumi o soffre di attacchi di panico perché, essendo una disciplina che va a stimolare i contenuti interiori, potrebbe indurci a peggiorare il nostro stato alimentandolo.

In questo caso sarebbero più consigliati l'Hatha Yoga, l'Ashtanga o il Vinyasa. Stili più intensi, alcuni più equilibrati di altri, ma tutti molto validi.

Trovo estremamente terapeutico il Kundalini Yoga perché integra, oltre a varie posture, una varietà di respirazioni che, nonostante la loro semplicità, sono profondamente utili per la guarigione.

Consiglio invece di tralasciare le meditazioni trascendentali, visto che il disturbo ossessivo inibisce la propriocezione del corpo.

Praticando tecniche metafisiche o misticheggianti tendiamo a fuggire dal senso di accoglienza che ci può offrire il nostro corpo e quindi da noi stessi, percependo una sensazione di evasione, che avviene principalmente a livello della mente ma mantenendo sempre in sottofondo i pensieri, con la conseguenza di sentirsi frustrati perché la meditazione non funziona.

Ritengo molto valide le tecniche mindfulness e i modelli proposti da Jon Kabat-Zin, così come le pratiche Vipassana e tutti quegli stili che privilegiano l'ascolto del corpo piuttosto che la fuga verso l'alto.

Libri o musiche adeguate potrebbero aiutarvi e risultare profondamente terapeutici; qualora la lettura risultasse faticosa a causa dell'ansia potresti prendere in considerazione gli audiolibri.

Anche viaggiare influisce positivamente.

Qualsiasi attività che richieda una relazione con un'altra persona è molto utile per alimentare lo scambio psicologico, poiché innesca energia guaritrice stimolata dalla novità, dal gioco e dal semplice piacere di esserci e di volersi godere la vita.

Qualora sentiate la tendenza all'isolamento affrontatela frequentando magari ambienti che sentite utili per voi.

Un altro importante elemento riguardo al disturbo ossessivo è l'apprezzare se stessi.

Solitamente chi ha questo problema fatica a prendersi cura di sé e a riconoscere il proprio valore e/o bellezza. Un giudizio negativo autoinflitto limita l'afflusso di energia positiva e ostacola la guarigione.

"Tu stesso, come chiunque altro nell'intero universo, meriti il tuo amore e il tuo affetto."

Buddha

Quali sono le azioni che posso compiere per alimentare l'amore per me stesso?

_____

_____

_____

_____

_____

_____

_____

Quali sono le azioni che posso compiere per alimentare la sensazione di essere bello/a dentro e fuori?

_____

_____

_____

_____

_____

_____

_____

Alcune delle cose che hai appena appuntato ti sembreranno più facilmente raggiungibili, altre meno. Certe richiederanno degli step di consapevolezza e di guarigione. Non ti preoccupare: è importante soprattutto la chiarezza su ciò che pensi di te stesso e su come vorresti essere. È un po' il principio di ciò che sentiamo di essere e che non siamo, sia per via del fatto che è necessario dover crescere, raggiungere un livello di maturità interiore superiore, riuscire ad agire con sempre più coraggio, impavidità, scegliere in maniera più decisa e meno insicura, avere maggiore conoscenza di se stessi, di come siamo e, nel caso del disturbo, conoscere e avere chiaro ciò che causa il nostro disturbo.

Considera che l'OCD, a seconda della sua intensità, limita non al 50% ma al 20% o magari al 5% le tue potenzialità, facendoti sentire erroneamente inferiore nello svolgimento di alcune attività. Qualora dovesse accadere, ricorda e ripeti: "Le mie potenzialità e le mie capacità sono proporzionali al livello di intensità del mio disturbo. Io ho un potenziale estremamente superiore e sono spontaneamente e naturalmente molto di più abile e capace".

Tramite questo percorso e la guarigione recupererai la percentuale di energia inespressa e scoprirai che, in realtà, hai delle capacità ben superiori a quelle che immaginavi!

Capitolo VII
Ossessioni, compulsioni e musica

Altro elemento di grandissima importanza per quanto riguarda le ossessioni e le compulsioni è la musica.

A livello psicologico la musica influisce su entrambi gli emisferi (orizzontale), sul campo del cuore, sulla mente e a livello della pancia (parole, armonia e ritmo/movimento).

In che modo possiamo utilizzare la musica per aiutarci?

Esistono diversi generi, ognuno dei quali stimola specifiche emozioni, sentimenti e pensieri.

Basta quindi dedicare una parte della giornata, anche solo mezz'ora, all'ascolto di brani che ci nutrano di buone energie, aiutando la nostra mente e il nostro corpo a stare meglio! La scelta dovrebbe ricadere su composizioni che ci fanno sentire spensierati, immersi nei suoni, nelle parole o che stimolino la nostra creatività.

Albert Einstein, oltre essere stato bocciato a scuola, da adulto aveva un problema: era dislessico. Quando si ha la dislessia il significato delle parole non viene compreso istantaneamente, a causa di uno specifico conflitto che va armonizzato e pacifica-to. Il fisico tedesco aveva scoperto che ascoltando specifici brani di musica classica questo suo limite si attenuava. Lo ha raccontato nelle sue opere fornendo, oltre che una testimonianza, una strategia per affrontare la difficoltà.

Qualora abbiate voglia di approfondire gli studi sull'impatto della musica a livello psicologico e biologico fatelo, vedrete che sono davvero tantissimi.

In Italia esistono professionisti che utilizzano la musicoterapia finalizzata a una meditazione intensa. Alcuni integrano addirittura tecniche di guarigione in linea con la musica. Abbiamo anche ricerche su particolari frequenze che agiscono a livello mentale, psicologico, emotivo e fisico. Nel merito, un punto di riferimento è lo scienziato russo Lenny Rossolovski.

La tecnica in oggetto, chiamata neuro-acustica (una specie di suono binaurale), consiste nel combinare queste frequenze tra di loro, per indurre la mente e il corpo a specifici stati di rilassamento o di concentrazione di altissimo livello e utili alla guarigione.

Prima di sperimentare metodi di guarigione e armonizzazione attraverso la musica, vorrei proporti un esercizio esplorativo facile ma molto efficace.

Qual è lo stile musicale che ti induce i maggiori benefici per la guarigione dal disturbo ossessivo e compulsivo?

_____

_____

_____

_____

_____

_____

_____

Qual è lo stile musicale che riduce i tuoi pensieri ossessivi?

_____

_____

_____

_____

_____

_____

_____

Qual è lo stile musicale che riduce le tue compulsioni?

_____

_____

_____

_____

_____

_____

_____

_____

Ora scegli 4 generi in base alla musica che ascolti e chiediti quali sensazioni, emozioni e desideri ti stimola ognuno di essi.

Stile 1

_____

_____

_____

_____

_____

_____

_____

_____

Stile 2

_____

_____

_____

_____

_____

_____

_____

Stile 3

_____

_____

_____

_____

_____

_____

_____

_____

Stile 4

_____

_____

_____

_____

_____

_____

_____

Questo esercizio ti dà la consapevolezza che per superare il tuo disturbo avrai la necessità di utilizzare specifici generi e stili.

Prenditi del tempo nella giornata, immergiti nella musica e dedicati completamente a essa. Ricorda che questo supporto quotidiano può fornirti una buona dose di energia e stimolare la tua pace interiore, la tua coerenza e la tua guarigione.

Frequenze di guarigione

Le frequenze di guarigione, come già accennato, sono attestate in numerosi studi per la loro efficacia sulle funzioni mentali, dalla capacità di armonizzare pensieri e vissuti a quella di risolvere vari disturbi.

Ti propongo di sperimentarne alcune che puoi trovare su questo sito:

https://en.advanced-mind-institute.org/online-meditations/general- meditations/istseleniye-razuma

Gli audio appena proposti durano circa 30 minuti e hanno un notevole potenziale terapeutico. Vanno utilizzati rigorosamente secondo le indicazioni proposte per sperimentarne la reale efficacia. La preferenza è soggettiva, nel momento della scelta apriti e affidati alle tue sensazioni.

Buon ascolto!

Musicoterapia per la crescita personale e l'evoluzione

Emiliano Toso, biologo e musicista, è riuscito a comporre con il pianoforte delle melodie che agiscono sull'intero sistema psicosomatico. Le sue composizioni, nate dalla collaborazione con lo scienziato americano Bruce Lipton (noto epigenetista, ovvero colui che studia l'impatto delle forme pensiero sui geni e sulla biologia), sono state sperimentate sul feto di un bambino. Si è evinto che la musica aveva un impatto altamente stimolante e benefico in quanto le cellule crescevano in maniera più armonica e sana.

In presenza di una malattia si è notato che l'organismo rispondeva con uno stato globale di benessere psico-neuro-fisiologico e che i sistemi ormonali tendevano ad armonizzarsi, le emozioni a calmarsi e i pensieri rallentavano: insomma, un vero toccasana per la guarigione dal disturbo ossessivo e compulsivo.

Considera che quando riesci a rallentare le emozioni, il flusso dei pensieri e il ritmo frenetico, l'organismo recupera e ne trae beneficio per nutrire tutto il sistema psicosomatico, azionando uno spontaneo meccanismo di auto-guarigione.

Il disturbo ossessivo e compulsivo, essendo di natura psichica, risponde rapidamente a tutti gli stimoli sensoriali che utilizzi per aiutarti, che si tratti di musica, film, arte, creatività in genere, colori, lettura, ovvero tutto ciò che consideri sinceramente bello.

Proviamo a fare qualche esercizio pratico.

Una volta trovati gli audio per te più congeniali, mettiti in una posizione comoda, seduto o sdraiato, e fai partire la musica.

Porta l'attenzione ai suoni, alla melodia e all'armonia.

Isolati dal mondo per un attimo e concentrati solo sulle sensazioni che ti trasmette la melodia, fai in modo che tutto il tuo corpo e la tua mente siano predisposti all'ascolto.

Questo esercizio, se eseguito con costanza, è estremamente benefico, non solo per gli effetti immediati, ma anche perché lavora in profondità e a lungo termine sulle emozioni e i pensieri più disturbanti, bloccanti e subdoli. Nell'impostarlo potrebbe essere necessaria un po' di pazienza, ma la sua stessa organizzazione include atti di attenzione e cura verso te stesso, il tuo corpo e la tua mente, che con il tempo sarà sempre più focalizzata portandoti ad avere una maggiore energia vitale.

Capitolo VIII
La scala delle emozioni

La scala emozionale è un modello trattato raramente ma che io trovo assai utile in quanto consente di collocare il tuo stato in una posizione indicativa del tuo livello di benessere.

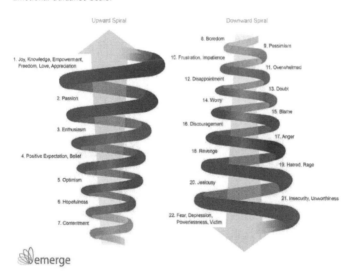

Emotional Guidance Scale:

Le seguenti informazioni, oltre a rappresentare un parametro di riferimento del nostro benessere e livello emozionale, sono di estrema importanza. Le potrai utilizzare in ogni ambito della tua vita per riconoscere più chiaramente la condizione in cui ti trovi, con quale grado di intensità e di piacere vivi determinate esperienze.

Cosa sono realmente le emozioni?

Non sono altro che uno dei veicoli principali del comportamento: i tuoi pensieri, associati a determinate emozioni, definiscono il corrispondente atteggiamento.

Nel caso del disturbo ossessivo potresti non riuscire a gestirle, perché derivanti da determinati vissuti traumatici, relazioni o problemi ambientali che ti causano un certo livello di disagio o sofferenza.

Alcune emozioni, chiamate reattive, sono presenti anche mentre vivi una situazione apparentemente calma. Queste dipendono da relazioni negative, situazioni interiori da ascoltare e comprendere, da sensi di colpa e forme pensiero associate al disturbo ossessivo e compulsivo.

A causa di emozioni forti e difficili da esternare potrebbero manifestarsi anche delle compulsioni, che è fondamentale comprendere per poter esprimere il proprio disagio e quindi ridurre o risolvere il problema.

Secondo recenti studi di psicosomatica, le compulsioni e i tic sono causati dai "non detti", ovvero parole, sentimenti, dolori, sofferenze che non abbiamo espresso e che generano ansia e panico; richiedono di essere tirate fuori, rielaborate e risolte: esprimere le emozioni è un ottimo sistema di guarigione.

Manifestare la propria libertà aiuta a tirar fuori le emozioni. Non a caso le amicizie, lo sport, il ballo, la recitazione e tutto ciò che richiede movimento del corpo sono ottimi strumenti per indurre alla guarigione.

La rabbia

Spesso l'ansia e l'attacco di panico sono conseguenze dei limiti che ci poniamo nell'esprimere la nostra identità, la nostra volontà, le nostre emozioni e sono accompagnati da paura e sovente anche da rabbia.

La rabbia è uno dei catalizzatori dell'ansia e dell'attacco di panico. Esprimerla porta a calmarsi, liberarsi da emozioni tossiche, diminuire la quantità di energia accumulata, riconoscere l'importanza di affermare il proprio pensiero con determinazione.

Come fare quindi a sfogarla in maniera sana?

Ti propongo di ascoltare l'audio del seguente link https://www.you- tube.com/watch?v=s6nYF7vlMC0 ma solo se ti senti sufficientemente determinato a esprimere te stesso, con te stesso e per te stesso.

È una pratica utile per esternare le proprie emozioni, allentare le compulsioni e le ossessioni.

L'esercizio ha una durata di circa 50 minuti. Durante i primi 12 muovi il tuo corpo come se lo stessi scuotendo. Hai presente quando sbatti i panni umidi prima di stenderli? Dimenati con l'intento di buttare via emozioni, pensieri e situazioni negative. Scrollati affinché il tuo corpo e la tua mente si liberino da ciò che ti ha intossicato durante la giornata e durante tutto il periodo in cui il disturbo ti ha ostacolato. Fai in modo che i tuoi muscoli si sciolgano, che le articolazioni si smobilitino e che il collo si liberi da qualsiasi peso.

Nei successivi 12 minuti muovi il tuo corpo liberamente, sprigiona tutta la tua energia in modo selvaggio e disinibito, balla! Fallo realmente con tutta/o te stesso: salta, gira, divertiti, suda!

Nel terzo blocco, sempre di 12 minuti, siediti e rilassati, tenendo il corpo immobile. Concentrati sulle sensazioni che percepisci. Ti accorgerai che le tue energie ed emozioni si calmano e armonizzano dandoti un maggiore senso di benessere.

Nell'ultimo quarto dell'esercizio, ancora della durata di 12 minuti, sdraiati in silenzio, possibilmente non nel letto ma su un tappeto/tappetino e rilassarti.

Se ti dovessi addormentare, al tuo risveglio avrai la consapevolezza della profondità del riposo anche qualora fosse durato pochi minuti.

Questo esercizio non è solo di alleggerimento ma rappresenta una vera e propria pratica terapeutica.

Più esprimi te stesso e più trasmetti alla tua mente, al tuo corpo e all'intero sistema la libertà di manifestarsi e di essere felice!

Esercizio

Quali emozioni vivo principalmente in questo periodo? Inseriscine una per ogni riga.

_____

_____

_____

_____

_____

_____

_____

Qual è quella predominante?

_____

_____

_____

_____

_____

_____

Quali emozioni proverei se fossi totalmente libero dal mio disturbo?

_____

_____

_____

_____

_____

_____

_____

_____

In quali circostanze vivrei le emozioni di essere guarito dal disturbo?

_____

_____

_____

_____

_____

_____

_____

_____

Tutto quello che hai scritto indica ciò che vorresti accadesse! Prova a fare in modo che si realizzi e qualora fossi in difficoltà a causa del tuo disturbo, sappi che comunque hai appena fatto un grosso passo avanti definendo i tuoi desideri: abbi pazienza e agisci per raggiungere l'obiettivo, sei sulla buona strada!

"Se vuoi puoi!"

Ormai credo sia chiaro lo scopo di migliorare le emozioni, uno degli elementi di cui il disturbo si nutre. Non dimenticare che più vivi al meglio la tua esistenza prima guarisci!

Le emozioni rispondono agli stimoli del mondo esterno o del mondo interno, determinando lo stato d'animo di ogni essere umano. Sono regolate anche da ormoni quali cortisolo, adrenalina, serotonina e dopamina, capaci di azionare quei meccanismi psicologici ed emotivi che ci aiutano a connetterci meglio con noi stessi e nel trovare l'equilibrio interiore.

Gli ormoni sono i mediatori fisiologici tra la mente e il corpo e per ogni emozione che proviamo ne esistono di specifici che si producono dalle corrispondenti ghiandole, alimentando benessere, piacere e accoglienza nel caso della serotonina, stress e eccesso di preoccupazioni nel caso del cortisolo.

I neuro-trasmettitori sono i principali riferimenti della psichiatria, che laddove necessario cerca di riequilibrarli attraverso gli psicofarmaci.

Dobbiamo essere consapevoli che i nostri pensieri, i nostri vissuti, le nostre dinamiche relazionali sono gli elementi che definiscono realmente il nostro livello di benessere: sensi di colpa, doveri, sacrifici, lavoro, figli, moglie/marito, amanti, macchina, assicurazione, viaggi... che emozioni hai provato dopo aver letto le ultime righe? Prova a rileggere la frase e, consultando la tabella emozionale, constata la tua posizione in base alle emozioni che hai provato. Dopodiché fai questo esercizio: ripeti per una decina di minuti "io voglio, io posso, io riesco!".

Una volta terminato soffermati ad ascoltare ciò che senti, appuntalo e consulta nuovamente la tabella.

Ti accorgerai che il tuo stato d'animo è cambiato e hai scalato la gerarchia emozionale.

Questa pratica rinforza la mente, il corpo e l'energia, aumentando la percezione e la consapevolezza del proprio potere personale.

La tabella di riferimento mostra chiaramente la posizione delle varie emozioni: quelle collocate in basso ti fanno assumere comportamenti disfunzionali; quelle poste in alto ti permettono di avere atteggiamenti sani e benevoli.

Tutti gli studi sul comportamento non-verbale sono basati sulla relazione tra i pensieri, le emozioni e i comportamenti che si assumono: un sorriso spontaneo solitamente è associato a un'emozione positiva mentre uno spento definisce un comportamento non-verbale differente.

Questo per spiegarti l'importanza delle emozioni e il notevole significato che hanno per il corpo.

L'ansia, il panico e altre manifestazioni del disturbo ossessivo, vanno armonizzate, liberate e lasciate andare, poiché intossicano il corpo, la mente e inibiscono la chiarezza mentale.

La tua determinazione e la tua volontà fanno la differenza nel guarire il disturbo perché ti spingono alla ricerca di soluzioni.

Considera l'OCD come un segnale del fatto che devi migliorare la tua esistenza, una spinta ad amarti di più per poterti godere maggiormente la vita. Ascoltati, perché così si guarisce!

Capitolo IX

Disturbo ossessivo, comportamenti e ormoni (detti anche neuro-trasmettitori)

Voglio che tu sia consapevole di te stesso, ovvero che tu sappia come funzioni il tuo sistema per poterti aiutare nel percorso di guarigione. Abbiamo già parlato delle due energie, chiamate in Oriente Yin e Yang, una femminile e l'altra maschile (dette anche Dolce e Forte), la prima (Yin) più morbida e accogliente, la seconda (Yang) più forte determinata che possono essere più o meno in armonia.

In presenza del disturbo ossessivo, solitamente l'energia Yin è in eccesso, quella Yang carente. Se sei una persona attiva, sarai probabilmente inibito, bloccato, nel dubbio, nella paura, nell'ansia, nel giudizio e comunque arrabbiato; se sei invece solitamente più accogliente e passivo ti troverai tendenzialmente nell'iper-attivazione, eccessivo nel fare, nell'andare, nel muoverti, nello stress, nell'azione in genere e limitato nell'ascoltarti, nella riflessione e nella calma, questo a causa di uno squilibrio psicologico tra gli elementi.

Tramite gli esercizi sulla consapevolezza ambientale siamo riusciti a capire la natura del tuo disturbo e se derivi da qualcuno o qualcosa in maniera attiva.

Appurato ciò, dovrai cercare le soluzioni che ti mettano nelle condizioni di stare tranquilla/o con te stesso, per capire in maniera chiara e definitiva qual è il tuo reale problema.

Per guarire è necessario prima risolvere le cause ambientali, poi intervenire direttamente sul disturbo, in modo da ridurre la sintomatologia, attenuando le situazioni tossiche o poco benefiche e diminuendo di conseguenza i rischi di lavorare invano.

È importante, al fine della soluzione, che tu riesca a comprendere realmente la causa del dolore e dell'OCD, ed è per questo che voglio guidarti nel focalizzare il tuo livello di benessere, le sensazioni di disagio e il modo in cui il tuo corpo gestisce il vissuto.

Gli ormoni

Gli ormoni sui quali è necessario concentrarsi sono il testosterone, la serotonina, la dopamina e l'endorfina.

Ogni volta che ti senti sotto stress o che il disturbo ossessivo ti ostacola in maniera limitante, la loro produzione viene ridotta ponendo il tuo organismo in uno stato di allarme (da qui l'ansia e il panico).

Se sei una persona passiva starai sempre in tensione, qualora fossi attiva vivrai inibita e frenata.

Per sbloccare questa condizione, tra le tipiche del disturbo, è importante riequilibrare la mente attivando gli ormoni corrispondenti, portandoli a uno stato di maggior benessere ed equilibrio.

I dubbi, le paure, l'ansia, il panico e le compulsioni si possono alleviare con pratiche mirate.

Esaminiamo i relativi ormoni e le rispettive funzionalità.

Testosterone

È attivato dai comportamenti che assumiamo con forza e determinazione quando affrontiamo le paure. Si stimola con l'azione: sport, movimento del corpo, dinamismo relazionale che coinvolge in maniera sana altre persone, come il ballo, le escursioni, viaggiare o ancora attività lavorative di gruppo in cui ognuno svolga il proprio ruolo valorizzando sé stesso.

Il testosterone è tra gli ormoni che determinano la tua identità. Nella donna veicola la forza dell'energia femminile, la capacità di proteggersi, di tutelarsi, di separarsi da relazioni tossiche, di essere autonoma; nell'uomo, invece, rappresenta l'intraprendenza, la capacità di essere determinato e coraggioso. Si stimola anche con l'attività sessuale, che può essere insufficiente a causa di una carenza dell'ormone stesso.

Quali attività posso fare per stimolare il testosterone?

1._____

_____

_____

_____

_____

_____

2._____

_____

_____

_____

_____

_____

_____

3._____

_____

_____

_____

_____

_____

4._____

_____

_____

_____

_____

_____

5._____

_____

_____

_____

_____

_____

6._____

_____

_____

_____

_____

7._____

_____

_____

_____

_____

Dopamina

È attivata e stimolata dalle relazioni sociali e alimenta la tua sensazione di unicità, di valore e di esplorazione. Si attiva uscendo con gli amici, leggendo, studiando, esplorando, ricercando, svolgendo tutto ciò che rafforza la tua identità.

È uno degli ormoni più carenti nel disturbo ossessivo e compulsivo in quanto si ha la tendenza a darsi poco valore e a sentirsi in colpa per ciò che si è. Si ha paura.

Alti livelli di dopamina possono portare alla ricerca del proprio piacere in maniera smisurata, sconfinando in comportamenti irrazionali e autolesionisti quali per esempio la tossicodipendenza. Non a caso questo ormone è correlato all'euforia e alla sfera del piacere.

Bassi livelli di dopamina possono causare depressione, comportamenti asociali, isolamento, rabbia e frustrazione.

La tua volontà gioca ancora un ruolo fondamentale. Il tuo potere di agire è dirimente nel condurti alla guarigione, che può essere agevolata anche dall'aiuto di chi conoscere certi argomenti e ti vuole sinceramente e realmente bene.

Io ti voglio bene.

Quali attività posso fare per stimolare la dopamina?

1._____

_____

_____

_____

_____

_____

2._____

_____

_____

_____

_____

_____

3._____

_____

_____

_____

_____

_____

4._____

_____

_____

_____

_____

_____

5._____

_____

_____

_____

_____

_____

6._____

_____

_____

_____

_____

_____

7._____

_____

_____

_____

_____

_____

Serotonina

È l'ormone di ciò che ci fa stare bene. Solitamente chi ha un disturbo ossessivo e compulsivo ne è carente e paradossalmente si sente in difetto nel produrlo.

Il senso di colpa induce il pensiero inconscio di essere sbagliati, spinge a dubitare di sé stessi, a pensare che non sia giusto ascoltarsi e stare bene. Nel momento in cui te ne libererai, il disturbo ossessivo scomparirà completamente, la tua mente sarà focalizzata e lucida, sfrutterai meglio la tua intelligenza, sarai libero dalla schiavitù delle emozioni.

La serotonina è correlata alla tua capacità di ricevere attenzioni e affetto, mangiare sano, fare movimento, amarti. È stimolata dalle cure materne o da chi si occupa di noi e si attiva ogni volta in cui ci diamo o riceviamo delle attenzioni. Si innesca con le attività che ci piacciono, con relazioni allegre, felici, o con l'arte e le sue forme di espressione come suonare, dipingere, cantare, ballare...

Quali attività posso fare per stimolare la serotonina?

1._____

_____

_____

_____

2._____

_____

_____

_____

_____

_____

3._____

_____

_____

_____

_____

4._____

_____

_____

_____

_____

5._____

_____

_____

_____

_____

_____

6._____

_____

_____

_____

_____

7._____

_____

_____

_____

_____

_____

Endorfina

È l'ormone degli affetti e lo produciamo ogni volta che stiamo bene a livello sentimentale.

Quando è sufficientemente presente, ci fa sentire appagati, soddisfatti e propositivi. Come stimolarlo? Alimentando ciò che nutre in maniera sana i nostri sentimenti, con relazioni che ci arricchiscono e incrementano la nostra sensazione di essere vivi, di essere noi stessi e di poterci amare.

Stimola l'intuizione, l'intelligenza, la sensazione di pace e viene prodotta ogni volta che vieni abbracciato o ricevi appagamento riempiendoti il cuore.

1._____

_____

_____

_____

_____

_____

_____

2._____

_____

_____

_____

_____

_____

3._____

_____

_____

_____

_____

4._____

_____

_____

_____

_____

_____

5._____

_____

_____

_____

_____

_____

6._____

_____

_____

_____

_____

7._____

_____

_____

_____

_____

Partendo da questi quattro ormoni puoi studiare strategicamente tutta una serie di attività in grado di stimolarli e comprenderne i reali benefici psicologici.

Quello che voglio trasmetterti non è tanto la conoscenza medica dei neurotrasmettitori, quanto il modo di agire affinché il tuo organismo li riequilibri ottenendo un corrispondente e reale effetto psicosomatico.

Devi imparare a vivere in piena libertà, con la massima autonomia di scelta perché ogni volta che blocchiamo e/o inibiamo qualche azione, qualche pensiero o qualche decisione, ci ritroviamo in una situazione di disagio più o meno intenso.

Dal disturbo ossessivo e compulsivo puoi guarire ma servono costanza, volontà e pazienza.

La tua guarigione è già avviata e con gli esercizi proposti alleggerirai tantissimo il problema, con la possibilità di risolverlo in maniera definitiva.

Capitolo X
Ansia, panico e perdono

L'ansia e il panico sono spesso conseguenza della mancata libertà di pensiero o di azione (quindi anche di scelta). Manifestazioni correlate sono forme come l'agorafobia, l'eccesso di controllo relazionale e ambientale, la paura del fallimento, di rimanere da soli, di morire, l'ipocondria, il pensiero fattuale, le paranoie, l'evitamento e l'attacco di panico.

Sono disturbi culturali e relazionali, ovvero presenti maggiormente in specifiche zone del mondo per via dello stile comportamentale e psicologico del contesto. Sono determinati da qualche condizionamento mentale che limita, inibisce o blocca, e da cui hai la necessità di sganciarti.

L'ansia e il panico ricorrono perché il senso di colpa è un vero e proprio limite che interrompe il libero fluire della tua energia vitale. Per compensazione vivi la vergogna, l'evitamento sociale e i giudizi con la paura di essere aggressivo. Cosa possiamo fare per ovviare a questo problema?

Abbiamo ribadito più volte come il senso di colpa, frutto di paure e timori, sia una causa ricorrente. Trovo quindi necessario lavorare direttamente sulle cause piuttosto che sugli effetti, ovvero sulle varie forme di ansia. Proprio per questo motivo ho pensato di introdurti un elemento che trovo di notevole efficacia: il perdono.

Il perdono, per come lo intendo nello specifico, non ha niente a che vedere col compatire qualcuno. Parliamo di un perdono interiore, di quella parte di noi che è in grado di attuarlo, e che è associata al nostro cuore, sempre presente e pronto a risvegliarsi per accrescere la nostra salute e propiziare la nostra guarigione. Nei miei studi ho scoperto che tramite la scrittura, e seguendo specifici linguaggi, possiamo attivare emozioni di benessere in maniera molto rapida e liberarci di pesi emotivi, sentimentali e forme pensiero anche in maniera agevole. La tecnica che ti propongo è molto profonda, creativa e soprattutto molto benefica per la guarigione. Si basa appunto sul perdono.

Cerca di eseguirla con sincerità, leggerezza e volontà di cogliere i punti fondamentali per superare il problema. Prendi un foglio bianco, consulta la scala emozionale, appunta il tuo grado attuale e indica in percentuale la quantità di energia che ti attribuisci a livello psicologico e fisico.

Esempio: Emozioni 9 – Energia 60%

Ora prova a perdonare tutto ciò o coloro che ti hanno fatto male, che ti hanno creato sofferenza, dolore, disagio, fastidio, disturbo, frustrazione e varie difficoltà. Fallo utilizzando la seguente frase:

Io perdono

Esempio: io perdono Robert per avermi tradito

Scrivi almeno 40 frasi, se riesci ad arrivare a 110 ti renderai conto che i benefici sono più immediati. Generalmente poche righe non hanno un grande effetto perché è necessario caricare la mente e la volontà di quell'energia.

Scrivi senza pensarci, fai fluire le emozioni e i pensieri che ti si presentano, sfogati e lascia andare, perdona!

Ti consiglio di metterti una leggera musica di sottofondo, ti aiuterà nella scrittura.

Perché funzionano le tecniche del perdono?

La funzione del perdono attiva un'energia psichica chiamata "coscienza", che non è la coscienziosità, ma una vera e propria forza. Passando dal cuore attraverso la scrittura, essa ha un notevole impatto sui nostri contenuti psicologici. In presenza del disturbo ossessivo e compulsivo questa energia non passa dal cuore perché tendenzialmente chiuso e respingente.

Aprire il cuore significa indirizzarsi alle opportunità di guarigione, verso ciò che di bello e di buono ci può capitare, aiuta a comprendere che possiamo fidarci e affidarci, a riconoscere che esseri umani buoni esistono, a ricevere un abbraccio, uno sguardo in maniera incondizionata.

La fiducia è assente nel disturbo ossessivo e compulsivo perché non si assecondano il proprio sentire e volontà effettivi.

Qualcuno in passato, probabilmente, ci ha detto come dovevamo essere, cosa dovevamo fare e cosa fosse meglio per noi: ecco, sono proprio queste le convinzioni da eliminare, che ci inducono a non fidarci di noi stessi, a credere che siamo colpevoli e che se agiamo sbagliamo.

Non possiamo sentirci in difetto per la nostra identità, per il nostro essere, perché diverremmo prigionieri del personaggio che andiamo a creare, facendo violenza su noi stessi e rischiando di cadere in un compatimento distruttivo.

Rifiutare o nascondere il nostro vero essere può attivare la sottomissione, ovvero quell'atteggiamento psicologico in si agisce secondo i dictate altrui, anziché assecondare la propria libertà e autonomia di pensiero.

La sottomissione innesca quel processo che ti convince di essere sbagliato, inadatto, malfatto, attivando così i tuoi sensi di colpa.

Questo atteggiamento chiude il cuore, porta al giudizio, a sentirsi inferiori, a limitare il proprio agire assecondando la volontà altrui, mettendo in uno stato di insofferenza la propria volontà interna, l'energia psicologica e attivando l'ansia, il panico e la paura di sbagliare.

Le relazioni imbrigliate in queste dinamiche sono tossiche e basate su possessività, mobbing, aggressività e/o bullismo. In esse sono presenti spesso abusi e violenze psicologiche, dalle quali ti devi tutelare per capire che effettivamente il problema non sei tu ma gli altri!

Non farti influenzare da chi ti dice che sei sbagliato o da chi ti vuole cambiare reprimendo la tua natura, riflettici e ascoltati affidandoti al tuo istinto, segui le tue necessità e cerca sempre di migliorare. In questo modo darai il via alla tua crescita personale.

Farsi carico degli altri

Questo elemento è tipico di coloro che sono eccessivamente compassionevoli nei confronti di altre persone, divenendo quindi facilmente ricattabili e manipolabili proprio a causa delle loro qualità, come la disponibilità, la comprensione e l'amorevolezza. Una volta indotte simili dinamiche uscirne può diventare complicato.

"Ti hanno insegnato che sei una persona di valore se metti gli altri prima di te, così amando gli altri credi di essere migliore, ma non stai ascoltando il desiderio di amare te stesso e magari proprio tu potresti essere carente di amore nei tuoi confronti. Ami gli altri ma odi te stesso. Solo amandoti ti sentirai così soddisfatto e felice che ti dedicherai agli altri, con amore".

Osho

Ho inserito questa frase per dimostrarti che alla base del disturbo ossessivo e compulsivo c'è il senso di colpa nell'amare se stessi prima degli altri.

Dovresti ruotare l'attenzione, incentrandola su te stesso. Forse ti sentirai in colpa, e sarà una conferma del fatto che devi sganciarti dal meccanismo.

Spesso la nostra forza e determinazione, in presenza del disturbo, sono carenti per via dei condizionamenti mentali che bloccano il libero fluire della nostra identità.

Per quanto ancora vuoi rinunciare a te stesso?

Possiamo avere paura di esprimere ciò che siamo perché magari ci è successo qualcosa, che ha generato in noi il timore delle conseguenze, di sbagliare, o il senso di colpa verso noi stessi.

È importante rafforzare la propria identità. Con gli strumenti che ti sto fornendo potrai riorganizzarla, riarmonizzarla, renderla più integra, sana, salda e completa.

Capitolo XI

Effetti della luce e della natura sulla guarigione

La luce è uno strumento molto prezioso che può stimolare la guarigione, ma purtroppo è spesso sottovalutata e si tende a non dare la giusta importanza ai suoi benefici per l'organismo.

In Oriente è valorizzata per i suoi effetti positivi sulle funzioni cerebrali, sulla stimolazione, sulla comunicazione dei neuroni e sull'armonizzazione delle due energie. Riduce lo stress, rallenta i pensieri ossessivi, preoccupanti o negativi, attenua le compulsioni...

Pensa solo a quando ti sdrai al sole: tendi a rilassarti, ricaricarti, migliori il tuo umore e riesci a lasciar andare, anche se solo per qualche istante, stress, paure e pensieri negativi generando un diffuso e immediato senso di benessere, sia fisico che mentale.

Per tale motivo ti propongo i seguenti esercizi. Sono molto semplici.

Il primo consiste nel sedersi comodi e rilassati, faccia al sole, concentrati sui suoi raggi che tramite gli occhi illuminano e riscaldano tutto il cervello.

Lasciati andare: la tua chiarezza mentale aumenterà; i pensieri ossessivi e preoccupanti diminuiranno; le emozioni rallenteranno e di conseguenza anche le compulsioni.

Considera che gli esercizi con la musica e con la luce hanno un impatto molto importante a livello psicosomatico, e l'intero organismo ne trarrà un beneficio significativo.

Il secondo esercizio va eseguito la sera, possibilmente dopo cena o, ancora meglio, prima di andare a dormire. Si praticava in India per stimolare l'intelligenza, per calmare completamente le emozioni e la mente ed il suo effetto, che per alcuni è quasi immediato, potrebbe diventare una sorta di droga sana.

Si chiama meditazione Trataka ed è una vera e propria pulizia mentale.

Prendi una candela e accendila, posizionati di fronte a un tavolo o tavolino e collocala all'altezza della tua fronte, poco più in alto della linea degli occhi. Concentra lo sguardo per almeno dieci minuti sulla fiamma e rilassati, rimanendo sensibile al tuo corpo, alle sensazioni che provi o anche al disagio che senti.

Osservala muoversi mentre emana luce diffusa.

Potresti avere un aumento temporaneo dei pensieri, che tenderanno a placarsi proprio per l'effetto della candela stessa.

Quando ti accorgi che il flusso dei pensieri e delle emozioni è molto alto prova a svolgere questo esercizio, vedrai che otterrai un notevole miglioramento della tua condizione, lo stress tenderà a diminuire mentre la tua chiarezza mentale aumenterà con un conseguente, anche se tendenzialmente temporaneo, miglioramento del disturbo.

Queste ultime due pratiche sono integrazioni che, esercitate con costanza, anche solo per qualche giorno, possono risultare molto benefiche in quanto inducono un aumento del livello della tua energia e un naturale e conseguente progresso nella guarigione.

Che ruolo ha l'ambiente naturale nel percorso di guarigione?

Anche l'ambiente gioca un ruolo primario. La nostra psiche e tutto il nostro essere deve necessariamente comunicare con l'ecosistema in quanto gli esseri umani sono a loro volta un "sistema aperto", non a caso la solitudine sana è differente dall'isolamento che crea sofferenza.

L'essere dei "sistemi aperti" spinge a porsi delle domande sui propri punti di vista nei confronti della realtà, espandendo la consapevolezza e alimentando maggiore forza, vitalità e fiducia nelle proprie sensazioni e in ciò che si sente di essere.

Tutte le nostre funzioni mentali hanno delle corrispondenze con gli elementi naturali e ogni volta che ci entriamo in contatto il nostro inconscio lo percepisce, lo sente e tutto il nostro essere tende ad armonizzarsi con la natura stessa. Considera che spesso i traumi, i pensieri ossessivi e le compulsioni sono presenti a causa di conflittualità emotive e/o blocchi psicologici che tendono a equilibrarsi proprio nel momento in cui ci immergiamo nella natura.

Il nostro risanamento non è solo un processo attivo, terapeutico e tecnico ma anche spontaneo: quando ci circondiamo di ciò che è utile al sistema psicosomatico inneschiamo processi di guarigione.

Passeggiare in un bosco o sulla riva del mare non è la stessa cosa, ognuno di noi ha le sue preferenze, riflesso di quanto di richiesto dal nostro inconscio per stare meglio. Essere in spiaggia significa immergersi in un ambiente solare, aperto e più dispersivo, solitamente rigenerante. Qualora l'energia e lo stress fossero troppo alti è consigliabile un ambiente boschivo, in quanto il verde è considerato il colore del cuore, perché in linea con la natura.

È difficile quindi suggerirti il luogo migliore: questa risposta è dentro di te. Io posso semplicemente dirti che un bosco, contesto pacifico ricco di alberi e di ossigeno, induce solitamente una rapida calma, rigenerazione e chiarezza.

Capitolo XII

L'Ansia

L'ansia è uno stato di agitazione particolarmente intenso che provoca tutta una serie di sintomi psicologici e fisici a seconda del soggetto.

Esistono elementi significativi riguardo le reali cause dell'ansia, che si attiva generalmente in presenza di un'azione che corresti compiere ma non porti avanti. Nei disturbi ossessivi è una costante proprio perché conseguenza di inibizioni, siano esse consce o inconsce.

Spesso le azioni inibite derivano da vissuti dolorosi, ostacoli quali la paura di fallire, di esporsi, di parlare in pubblico, di subire violenze. Questi e altri fattori attivano l'ansia, bloccando la tua libertà di espressione e provocando un accumulo di energia.

Nel momento in cui l'azione volontaria ci frena, potremmo avere attacchi di panico, ovvero una degenerazione dell'ansia stessa.

Il disturbo ossessivo spesso ti chiede di liberare vissuti dolorosi e familiari, per avere l'opportunità di crescere, arricchirti e migliorare la tua vita.

Proviamo a capire l'origine del problema: quali situazioni, nella tua esistenza, individui come causa del disturbo? C'è qualche relazione alla base del disagio? C'è qualche contesto che lo genera?

Basta sopportare!

Spesso l'ansia si presenta in situazioni in cui si è costretti a sopportare o scendiamo a compromessi che consideriamo non ottimali per noi.

Nel momento in cui facciamo ciò che non vogliamo la nostra mente riconosce questo contrasto di energie facendo scattare l'ansia e il panico.

Ci possono essere però delle situazioni in cui l'ansia funge da indicatore. Il principio del non-attaccamento, in tal senso, è piuttosto indicativo.

In presenza di un legame eccessivo, gelosia, possessività o difficoltà ad allontanarsi da un partner tossico, l'ansia scatta per farti capire che stai interrompendo una tua volontà, che stai inibendo la tua azione, ovvero la necessità di separarti da chi ti sta causando il disturbo.

Qualora l'ansia si trascini da molto tempo sarà necessario confrontarsi con qualcuno che ti permetta di sciogliere e sganciare i vissuti scatenanti.

Ricordati di fare attenzione nella scelta del terapeuta. Rivolgiti a chi credi abbia davvero a cuore il problema. Affidati al tuo istinto e non dimenticare che la guarigione dall'ansia è una pacificazione tra la tua volontà e quanto farai per assecondare il tuo sentire.

Passiamo ad alcuni esercizi sull'ansia.

La mia ansia è causata da qualche attaccamento? Se sì, quale?

_____

_____

_____

_____

La mia ansia è causata da qualcuno che mi maltratta? Se sì, chi?

_____

_____

_____

_____

_____

La mia ansia è causata da qualcuno che sento mi trattiene? Se sì, chi?

_____

_____

_____

_____

La mia ansia è causata da un lavoro che odio? Se sì, come e dove posso trovare soluzioni?

_____

_____

_____

_____

Pensi di subire abusi da qualcuno? Se sì, prendi la situazione in mano e trova soluzioni immediatamente.

Se non ho nominato la tua causa puoi aggiungerla a seguire. Ritengo che la mia ansia sia causata da:

_____

_____

_____

_____

In presenza dell'ansia e qualora tu sia una persona atletica a cui piace praticare molto sport, dovresti provare attività e discipline quali lo yoga, tecniche di respirazione, scrittura, tutti gli sport di gruppo, il ballo e le discipline creative in cui è stimolata la parte più lenta e più relazionale (purché ci sia un flusso positivo).

Se sei invece più sedentario dovresti provare a rinforzare la parte inversa, ovvero quella della forza, della determinazione, del coraggio, dell'intraprendenza e dell'avventura tramite sport atletici che ti permettano di confrontarti con i tuoi limiti, studiare qualcosa che non conosci, fare qualcosa di nuovo, uscire con gli amici, viaggiare, esplorare, insomma tutto quello che stimola la tua parte più attiva.

Scegli ciò che può aiutarti a bilanciare l'aspetto in cui sei più carente, considerando che qualora stimolassi la parte sbagliata rischieresti di alimentare la tua zona di comfort appesantendo il problema.

L'ansia è frutto di una mancanza di equilibrio tra la tua forza e la tua accoglienza, tra la tua parte esplosiva e quella ricettiva.

Se sei troppo duro potrebbe riflettersi sulla prestazione generando paure corrispondenti; se troppo disponibile, permissivo o magari passivo, lavora sulla capacità di riconoscere il tuo valore, le tue potenzialità e la tua forza, facendo pace con la tua corrispondente immagine psicologica (maschile/femminile).

Agorafobia

Quando sei libero esplori il mondo con i sensi e vi sei immerso, aperto a nuove esperienze.

In presenza dell'agorafobia si attiva un processo mentale che ti porta a evitare o rimandare una specifica situazione: non sei presente.

È un sintomo significativo del fatto che qualcosa nella tua vita deve cambiare. Qualcosa che rifiuti, che ti limita e ti blocca.

Spesso questo elemento viene confuso con le preoccupazioni, che però sono presenti esclusivamente quando tu non stai ascoltando ciò che vuoi veramente.

Se esiti, se sei insicuro, se hai paura, significa che non sei focalizzato sulle tue qualità, sulle tue abilità e su ciò che vuoi, ovvero quello che ti permette di stare bene e ti fa sentire realizzato, liberandoti dalle tue problematiche.

L'agorafobia e gli attacchi di panico trovano origine in tali aspetti e sono spesso la conseguenza di relazioni, situazioni disfunzionali e scelte da compiere.

L'attacco di panico è spesso rabbia compressa che vuole esprimersi, non in maniera distruttiva ma esplosiva. Perché svanisca, è fondamentale tirare fuori la propria energia in maniera sana.

La paura di fallire La paura di fallire significa non ascoltare sé stessi ed è ben diversa dalla paura di sbagliare. Quest'ultima è l'incapacità di lanciarsi nel fare ciò che non si conosce, ma è priva del terrore tipico dell'altra forma inibitoria.

La paura di fallire, a livello psicologico, indica che ti stai preoccupando troppo di quello che gli altri pensano di te.

Sentiamo la necessità di giudicarci, di controllare tutto in maniera maniacale e intensa, di sentirci colpevoli con la conseguenza di farci del male e oltretutto nella convinzione che ci meritiamo la punizione per l'errore compiuto.

È possibile uscire da ogni situazione in cui ci troviamo, possiamo cambiarla, trasformarla e migliorarla frequentando anche ambienti particolarmente supportanti che ci aiuterebbero a capire che solo noi facciamo la differenza nel momento presente.

Tenta di modificare il tuo approccio, comincia a mettere in discussione il giudizio altrui ricordando che sei perfetto così come sei, accettandoti e volendoti bene: fai ciò che ami e amati!

Quali sono i giudizi che tu dai a te stesso?

1._____

_____

_____

_____

_____

_____

_____

2._____

_____

_____

_____

_____

_____

_____

3._____

_____

_____

_____

_____

_____

4._____

_____

_____

_____

_____

_____

5._____

_____

_____

_____

_____

_____

_____

6._____

_____

_____

_____

_____

_____

_____

7._____

_____

_____

_____

_____

_____

Quanto hai appena elencato limita enormemente la tua guarigione. Tieni bene a mente che il giudizio non è nient'altro che
un parametro di riferimento sociale, non corrispondente alla
verità assoluta.

Gli eventi della vita sono quelli che ti hanno indotto a farti sentire, pensare e vederti in un certo modo, perciò prova a fare l'esercizio sul perdono focalizzandoti provando a sviluppare una maggiore attenzione e buona energia, con l'intento di guarire da tali vissuti dolorosi e lasciare andare i giudizi; fai molta attenzione, perché in questo caso potrebbe essere necessario il supporto del terapeuta per comprendere ciascun elemento.

Svolgi l'esercizio solo ed esclusivamente se lo consideri sufficientemente sicuro e benefico per te.

Come appurato, l'ansia e tutti i disturbi associati non sono altro che strutture psicologiche che ti limitano e che scatenano questo tipo di disagio. Se andiamo a riprendere il modello iniziale possiamo immaginarla come un'energia che vorrebbe andare in una determinata direzione, contrapposta all'altra che è timorosa, esitante o insicura.

Allineare queste due energie armonizza la mente con il cuore, ovvero l'emisfero destro creativo con quello sinistro più logico, liberando da ogni forma di paura e giudizio.

La meditazione è una tecnica efficace per invertire questa contrapposizione, portandoti dalla paura, dal dubbio e dall'insicurezza alla chiarezza, all'equilibrio e all'organizzazione.

Capitolo XIII
Disturbo ossessivo, religione e spiritualità

Considera che alla base del disturbo ossessivo solitamente sono presenti informazioni errate riguardo la realtà socio-culturale. Tabù e limiti troppo restrittivi verso sé stessi, condizionati magari dalla religione/spiritualità, possono indurci a pensare in termini moralistici e risultare problematici.

Il senso di colpa che ti attribuisci e le relative paure sono spesso indotti da una specie di giudice interiore che ti blocca. Dovresti iniziare a pensare che sei un essere umano e nessun giudice esterno ti punirà se sbaglierai, né ti dirà chi devi essere, che sei sbagliato e cosa devi fare.

Queste dinamiche vengono spesso attivate da persone che hanno un certo tipo di autorità e che innescano in noi il senso di colpa e il disturbo ossessivo e compulsivo, perciò è importante analizzare l'adolescenza o l'infanzia per capire se uno dei due genitori è stato eccessivamente autoritario. Vorrei comprendessi che il mondo cambia e i tuoi genitori appartengono a modelli culturali più restrittivi, limitati, autoritari e duri. Riconoscerli è molto importante per comprendere il tuo livello di libertà psicologica, relazionale, emotiva, esperienziale e di apprendimento, senz'altro superiore a quella dei tuoi genitori, che io definisco "antenati": tu succedi a loro, ma il tuo modello mentale è differente e unico, avulso dalle restrizioni culturali e religiose, dai tabù e dai moralismi delle generazioni precedenti.

Vorrei che riconoscessi il mondo in cui vivi, che si è evoluto e può darti la possibilità di essere libero dal senso di colpa, dalle paure, dalle ossessioni e dalle compulsioni.

In alcune discipline, il giudizio che diamo a noi stessi è chiamato giudice interiore, ovvero la struttura che ci blocca e ci limita. Siamo tuttavia in grado di lasciare andare il passato doloroso, di guarire da ciò che riteniamo inutile e di liberarci da ogni tipo di ostacolo culturale dei nostri "antenati": la società si è modificata e tu sei cresciuto in una collettività diversa dalla loro.

L'elemento sacro è tipicamente culturale. In ogni luogo troviamo una specifica religione, sicuramente importante, ma lo è altrettanto il fatto che ti permetta o meno di esprimere le tue reali potenzialità.

Capitolo XIV
La meditazione come strumento di lavoro

La meditazione è uno strumento molto potente per l'equilibrio, il benessere e la guarigione ma è importante comprenderne alcuni punti essenziali per capire se è opportuno praticarla.

Se potessi fare una foto all'energia psicologica in presenza del disturbo ossessivo compulsivo si vedrebbe come parte di essa, tra mente e corpo, si disperda in pensieri, emozioni, dubbi, paure e compulsioni. Spesso siamo trascinati da queste energie senza saperle gestire in modo appropriato.

La nostra volontà, la chiarezza mentale e la pace interiore sono facilmente alterati, come possiamo rimediare?

Puoi immaginare emozioni, pensieri e sentimenti come elementi che, se in armonia, diventano un flusso omogeneo vincente, ma se in dissonanza creano contrastanti che generano disagio e sofferenza, prosciugando la nostra energia.

Il lavoro che abbiamo fatto finora è stato mirato all'individuazione e alla consapevolezza delle caratteristiche del tuo disturbo ossessivo, della sua intensità, delle aree su cui agisce e interferisce; abbiamo oltretutto utilizzato delle tecniche per analizzare cosa lo alimenti o come attenuarlo e magari anche risolverlo. In questo senso trovo la meditazione molto funzionale.

Immagina che la tua mente viva quotidianamente con una certa modalità, che si protrae durante il riposo notturno. I disturbi ossessivi e compulsivi quindi, originano da una specifica modalità di funzionamento generale che, di conseguenza, si manifesta in tutti gli ambiti della tua vita, influenzando in maniera più o meno specifica scelte, preferenze e volontà.

Stare seduti in silenzio, anche per pochi minuti, incentiva l'attivazione delle funzioni psicologiche incaricate di riportare equilibrio a tutta la struttura psicosomatica, in quanto la mente umana, se lasciata fluire, tende all'auto guarigione, a meno che non interferiscano situazioni ambientali.

Se pratichi già la meditazione, saprai che ognuno ha il suo metodo, i suoi tempi e i suoi ritmi. Qualora non l'avessi mai sperimentata, ricorda che meditare è semplicissimo e non richiede competenze troppo specifiche.

Al giorno d'oggi i corsi di meditazione sono ampiamente diffusi, e internet offre una miriade di possibilità. Cerca la soluzione più adatta per te.

È molto importate comprendere i principi della meditazione. Non basta stare seduti in silenzio ma è necessario imparare ad ascoltare ciò che si sente e seguirlo lasciandosi trascinare in completa pace e libertà.

Tuttavia, la meditazione non sempre è funzionale. Ci sono degli stati emotivi nei quali è meglio soprassedere, per esempio quando si è in una condizione di energia esplosiva (come l'ira) che rischia di alimentare il problema.

Consiglio sempre di scaricare prima il corpo, magari con attività fisica ed esercizi, tramite lo sport o il ballo, per poi procedere con la seduta meditativa.

Le tecniche di meditazione sono numerose ma in presenza del disturbo trovo particolarmente efficaci la Vipassana e la Mindfulness. Oltre a essere molto semplici, infatti, aiutano a rallentare i pensieri ossessivi, a ridurre le compulsioni e a far emergere un maggiore equilibrio psicosomatico.

Qualora avessi il desiderio di sperimentare fallo in totale libertà e fiducia, perché lo stile di meditazione più compatibile con te è quello che ti porta maggiore felicità e tranquillità.

Perché funziona così tanto la meditazione?

Durante la seconda guerra mondiale, alcuni scienziati si sono chiesti come avrebbe funzionato la mente se avessero isolato un essere umano da tutti i 5 sensi. Fu così introdotta la cosiddetta "camera a isolamento sensoriale".

Il paziente usufruiva di una specie lettino pieno di una sostanza acquosa ricca di sali minerali, che dava la sensazione di galleggiamento. Una volta disteso la mente iniziava a rilassarsi, le emozioni si calmavano, i pensieri si allentavano e le funzioni mentali si armonizzavano avviando il processo di guarigione.

Oltretutto, i livelli di stress diminuivano, il sistema ormonale si equilibrava accrescendo la creatività, la fiducia, la sicurezza in sé stessi, e si potenziava la capacità di riconoscere la propria identità: esattamente gli effetti della meditazione.

Per comprendere davvero la Mindfulness ti suggerisco di fare riferimento ai più importanti ricercatori al mondo, tra cui Jon Kabat-Zin che ha introdotto la Mindfulness MBSR e altre tecniche facilmente accessibili, come le meditazioni in movimento o quelle basate sulla creatività: pittura, scrittura creativa, musica. Ogni cosa è meditazione se la pratichi con tutto te stesso, immerso nel piacere.

Capitolo XV

Ricapitoliamo

Il percorso con gli esercizi è stato lungo e se li hai eseguiti tutti potrebbe essere stato un lavoro intenso.

Ti consiglio fortemente di organizzarli e sperimentarli per più giorni, ponendoti degli obiettivi.

Parti magari con 3 giorni, poi passa a 5 e successivamente a 7. Ti aiuterà nel provare a realizzare ciò che ti prefissi e a capirne gli effetti su di te e sul tuo problema.

Quelle che abbiamo visto sono tecniche efficaci. Se sfruttate con costanza funzionano, alleggeriscono e alimentano importanti processi di reale guarigione.

"NON ESISTE UN DISTURBO OSSESSIVO E COMPULSIVO CRONICO"

La scienza lo conferma, non dimenticare che per cronico si intende solo qualcosa di cui non si ha apparentemente la soluzione, quindi se ti accorgi che ciò che fai non funziona, non scoraggiarti e cerca altrove, perché la soluzione c'è!

Ora facciamo un ultimo esercizio, nel quale devi solo rispondere alle seguenti domande.

Quali esercizi ho fatto?

_____

_____

_____

_____

_____

Li ho fatti costantemente ?

_____

_____

_____

_____

Li ho fatti con l'intenzione focalizzata nel migliorare il mio problema?

_____

_____

_____

_____

_____

Quali benefici ho ottenuto per ciascun esercizio?

_____

_____

_____

_____

_____

Qual è l'esercizio che mi ha aiutato di più?

_____

_____

_____

_____

In che modo mi ha aiutato?

_____

_____

_____

_____

_____

Rifai l'esercizio che ti ha aiutato di più per almeno 3 giorni consecutivi, dopodiché appunta i risultati qua sotto.

3 giorni dopo: che miglioramenti ho ottenuto?

_____

_____

_____

_____

_____

_____

Conclusioni

È importante che tu comprenda come la presenza del disturbo sia non solo un'opportunità di conoscere te stesso, ma anche un mezzo della tua mente e di tutto il tuo essere per crescere, cambiare e migliorare ciò che non va nella tua vita.

Riprendi dall'inizio i tuoi appunti e gli esercizi, osservali e nota quanto sei cambiato, quanto hai imparato e quanta maturità hai acquisito, confronta i risultati e noterai che il tuo processo di guarigione è veramente iniziato.

Ti auguro di superare il problema rapidamente, ti auguro il meglio, ricordandoti quanto sei unica/o in questo mondo e che puoi fare veramente la differenza per te stesso e per gli altri. Amati incondizionatamente, in modo da aumentare il tuo potere e raggiungere i tuoi obiettivi ottenendo conclamati successi, inclusa la completa guarigione dal disturbo.

Cogli questa opportunità e trasformala in un ricordo del passato. L'OCD deve divenire una grande esperienza e un'importante occasione di cambiamento verso il miglior te stesso, per il tuo benessere, per la tua pace e la tua realizzazione.

Printed in Poland
by Amazon Fulfillment
Poland Sp. z o.o., Wrocław